TÉCNICA , RITMOS Y RUDIMENTOS EN LAS CONGAS

VOL. III

AUTOR: DIEGO SILBERMANAS

DISEÑO: **NOELIA MIEGGI**

TRANSCRIPCIÓN MUSICAL: **ARIEL "BARBA" TORRES**

CLAVES: **JUAN CROCE**

INGENIERO EN SONIDO: **PEDRO MONDEJAR**

FILMADO EN: **PARAISO ESTUDIO**

DIRECCIÓN DE VIDEO: **MANU FUNES**

EDICIÓN DE VIDEO: **SUYAY RAMOS**

CÓRDOBA ARGENTINA, 2018.

PRÓLOGO

Sería, tal vez, ampuloso de mi parte si sólo utilizara este espacio para conceptuar los libros de Diego Silbermanas, pues eso cae por su propio peso, están geniales y son una gran herramienta. Punto. Más me mueve traer el tema del título que ha causado polémica: "La mano secreta". No voy a negar que en un primer momento me hizo cierto ruidito, lo cual le expresé a Diego oportunamente, pero de inmediato, y sabiendo de la buena fe que me consta del autor y de su bonhomía, di cuenta que su intención no era otra que hacerle un homenaje al maestro José Luis Quintana "Changuito", creador del término que lleva el nombre del libro y que refiere a un rudimento de su autoría para el conguero moderno por excelencia. De modo que nadie deberá sentirse molesto ni mucho menos, ya que estos libros no sólo le hacen honor al maestro Changuito, sino que conservan el espíritu de la docencia, y son una fuente de inspiración para el conguero y su práctica cotidiana.
Disfrutemos entonces de esta tercera entrega.

JUAN CARLOS MARRAS (ARGENTINA).

It would be, perhaps, pompous for me if I only used this space to conceptualize the books of Diego Silbermanas, because that falls under its own weight, they are great and are a great tool. Point. More moves me to bring the subject of the title that has caused controversy: "The secret hand." I will not deny that at first I made a little noise, which I expressed Diego opportunely, but immediately, and knowing the good faith that I know the author and his bonhomie, I realized that his intention was not other to pay homage to the maestro José Luis Quintana "Changuito", creator of the term that bears the name of the book and that refers to a rudiment of his authorship for the modern conguero par excellence. So that nobody should be annoyed, much less, since these books do not only honor the master Changuito, but they preserve the spirit of teaching, and are a source of inspiration for the conguero and his daily practice. Let's enjoy then this third installment.

JUAN CARLOS MARRAS (ARGENTINA).

Este nueva manera de sentir el mundo percutivo que Diego nos comparte, me alienta a expandir, a profundizar y agilizar mis golpes de tambor alegre ; ritmos como gaita, cumbia, chalupa, Bullerengue, son de negro, Garabato, entre otros, se me han hecho mucho más ligeros y contundentes luego de estudiar con su método. Recomiendo a ojos cerrados esta gran herramienta de estudio. Desde Barranquilla,Atlántico/Colombia admiración profunda.

JENN DEL TAMBÓ (COLOMBIA).

This new way of feeling the percussive world that Diego shares with us, encourages me to expand, to deepen and speed up my cheerful drum beats; rhythms like gaita, cumbia, chalupa, Bullerengue, son de negro, garabato, among others, I have become much lighter and forceful after studying with their method. I recommend closed eyes this great study tool. From Barranquilla, Atlántico / Colombia deep admiration.

JENN DEL TAMBÓ (COLOMBIA).

Escribir un método de enseñanza musical no es fácil. Requiere disciplina, cierto sentido de organización y, por supuesto, dominio del tema. Sin embargo, otros parámetros también deben tenerse en cuenta para garantizar que el método sea accesible para todos.
El autor debe tener en cuenta que todos comenzamos con diferentes fundamentos y progresamos a diferentes velocidades.
Diego ha superado el reto y lo ha conseguido.
En estos 3 volúmenes, le da al agudo percusionista todo lo que necesita para avanzar al más alto nivel técnico.
¡¡Muy recomendable!!

ARNOLD MOUEZA (FRANCIA).

Writing a musical teaching method is not easy. It requires discipline, a certain sense of organization and, of course, mastery of the subject. However, other parameters also need to be taken into account to ensure that the method will be accessible to everyone.
The author needs to bear in mind that we all start with different foundations and progress at different speeds.
Diego has risen to the challenge and succeeded.
In these 3 volumes, he gives the keen percussionist everything he or she needs to advance to the highest technical level.
Highly recommended!!

ARNOLD MOUEZA (FRANCE).

"Técnica, ritmos y rudimentos en las congas vol. III" del virtuoso y reconocido percusionista argentino Diego Silbermanas; es un libro+dvd que completa la trilogía de sus notables publicaciones, basándose en el estudio fundamental, progresivo e innovador de las congas; instrumento que se ejecuta en todo el mundo, hoy en día; con exigencias propias de la música y de músicos contemporáneos.
Estudiando el material podremos desarrollar una gran solidez al tocar, solvencia de ritmos y recursos técnicos para desenvolvernos de manera óptima como músicos percusionistas, acompañantes y porque no, como solistas.
Gracias maestro Diego, necesitábamos trabajos como este.
¡Altamente recomendado!

FLAVIO DONOSO LARREA (PERÚ).

"Technique, rhythms and rudiments in congas vol. III "by virtuoso and renowned Argentine percussionist Diego Silbermanas; it is a book + dvd that completes the trilogy of its remarkable publications, based on the fundamental, progressive and innovative study of the congas; instrument that runs throughout the world, today; with demands of music and contemporary musicians.
Studying the material we can develop a great solidity to play, solvency of rhythms and technical resources to develop ourselves in an optimal way as percussionist musicians, companions and why not, as soloists.
Thanks teacher Diego, we needed jobs like this.
Highly recommended

FLAVIO DONOSO LARREA (PERÚ).

INTRODUCCIÓN

Este libro está dedicado a mi familia y amigos.
Quiero agradecer a cada uno de los que aportaron su granito de arena en la preventa,
sin ellos no hubiese sido posible este nuevo tomo.

Muchas gracias a Noelia Mieggi, diseñadora del arte de los libros. También a Ariel "Barba" Torres,
quien trascribió las partituras. A Juan Croce, el hombre de las claves y campanas.
A Lucas Palladino de "Todo congas Argentina" por prestarme sus tambores y
a Manu Funes, amigo y director de todos los videos.

No quiero dejar pasar esta oportunidad para agradecer los invalorables aportes de Juan Carlos Marras,
Jenn del Tambó, Arnold Moueza y Flavio Donoso Larrea, amigos del tambor a la distancia.
Por último quisiera agradecer a los grandes percusionistas de todo el mundo que de algún
modo se han acercado, siempre con buena onda: Ramses Araya, Luis Conte, Paulo Stagnaro,
Jhair Sala, Mauricio Ambrosi y Carolina Cohen.

Les recuerdo, que estos libros no son hechos por un percusionista virtuoso, ni por un profesional
de la música, los ejercicios que están plasmados están pensados para que todo aquel que
haya pasado por los dos primeros volúmenes, pueda ejecutarlos en su rutina diaria, en su
acompañamiento musical o en algún solo.

COMÓ LEER ESTE LIBRO:

A modo general, el libro presenta posibilidades para estudiar desde una a tres congas,
y en algunos ejercicios hasta cuatro congas.

El volumen 3 se divide nuevamente en tres capítulos. El capítulo 1 de "Técnica", comprende los primeros
nueve ejercicios de los volúmenes 1 y 2, puesto que son fundamentales a la hora de comenzar a
estudiar la conga.

Luego hay ejercicios que me ayudaron a desarrollar la mecánica del "doble golpe" sobre todo de la
mano "no hábil", repitiendo constantemente la dinámica bajo-punta de dedos en división ternaria.
Inmediatamente hay algunos ejercicios que permitirán fortalecer el doble golpe, pero esta vez de
la mano "hábil". Lo que sigue del capítulo son opciones para estudiar dos y dos, tres y tres
y hasta cuatro golpes por mano. Todos ejercicios que tienen como objetivo fortalecer
los sonidos en el tambor.

El Capítulo 2, "Ritmos" tiene algunas variaciones de "marcha" para dos y tres congas, "Caballo",
"Guaguaracha", "Palo" y más toques de bata adaptados a las congas, como son "Olunbanche",
"Aketeoba", "Inle". En esta última sección, la mano izquierda hará las veces de "itotele" y
la mano derecha de "okonkolo" e "Iya". La idea de adaptar toques de bata a las congas, no es hacerlos
a la perfección, sino que nos sirvan a que estos toques complejos, puedan ser utilizados para acompañar
en compases de 12 x 8.

El capítulo 3, "Rudimentos", contiene ejercicios de dobles golpes, pensados en 6 x 8, para que una vez aplicados en la "marcha" o en ritmos binarios, sean aprovechados como seisillos de semicorchea.

Finalmente, nos encontramos con algunas ideas para improvisar, "manoteos" que nos ayudan a mezclar los rudimentos entre sí, y que el concepto de solo, no sea solo aplicar un rulo, sino que tengan musicalidad.

El ejercicio final del libro, no está transcripto, la idea es que usted pueda mezclar todos los ejercicios y hacer y crear su propio solo relacionado a la mayoría de los rudimentos estudiados en los tres volúmenes. En el video yo presento una forma de organización, ni la única, ni la mejor. Espero les sirva!

INTRODUCTION:

This book is dedicated to my family and friends.

I want to thank each of those who contributed their bit in the presale, without them this new volume would not have been possible. Many thanks to Noelia Mieggi, designer of the art of books. Also to Ariel "Barba" Torres, who transcribed the scores. To Juan Croce, the man with the "Claves" and bells. To Lucas Palladino from "Todo congas Argentina" for lending me his drums and to Manu Funes, friend and director of all the videos. I do not want to miss this opportunity to thank the invaluable contributions of Juan Carlos Marras, Jenn del Tambó, Arnold Moueza and Flavio Donoso Larrea, friends of the drum in the distance.

Finally, I would like to thank the great percussionists from all over the world who have somehow approached, always with good vibes: Ramses Araya, Luis Conte, Paulo Stagnaro, Jhair Sala, Mauricio Ambrosi and Carolina Cohen.

I remind you, that these books are not made by a virtuoso percussionist, nor by a professional musician, the exercises that are embodied are designed so that everyone who has gone through the first two volumes, can execute them in their daily routine, in his musical accompaniment or in some "solo".

HOW TO READ THIS BOOK:

In general, the book presents possibilities to study from one to three congas, and in some exercises up to four congas. Volume 3 is divided again into three chapters.

Chapter 1 of "Technique", includes the first nine exercises of volumes 1 and 2, since they are fundamental at the time of beginning to study the conga. Then there are exercises that helped me develop the mechanics of the "double stroke" especially of the "non-skillful" hand, constantly repeating the bass-tip dynamics of fingers in ternary division.

Immediately there are some exercises that will strengthen the double stroke, but this time with the "skillful" hand. What follows from the chapter are options to study two and two, three and three and up to four strokes per hand.

All exercises that aim to strengthen the sounds in the drum.

Chapter 2, "Rhythms" has some variations of "marcha" for two and three congas, "Caballo", "Guaguaracha", "Palo" and more rithyms of bata drum adapted to the congas, such as "Olunbanche", "Aketeoba", "Inle." In this last section, the left hand will act as "itotele" and the right hand of "okonkolo" and "Iya". The idea of adapting bata drum to the congas, is not to make them perfectly, but to serve us that these complex "toques", can be used to accompany in measures of 12 x 8.

Chapter 3, "Rudiments", contains exercises of double stroke, thought in 6 x 8, so that once applied in the "marcha" or in binary rhythms, they are used as seisillos of sixteenth note. Finally, we find some ideas to improvise, "manoteos" that help us to mix the rudiments with each other, and that the concept of solo, is not only to apply a "rulo", but to have musicality.

The final exercise of the book is not transcribed, the idea is that you can mix all the exercises and make and create their own "solo" related to most of the rudiments studied in the three volumes. In the video I present a form of organization, neither the only nor the best. I hope you serve them!

NOTACIÓN MUSICAL/DRUM KEY

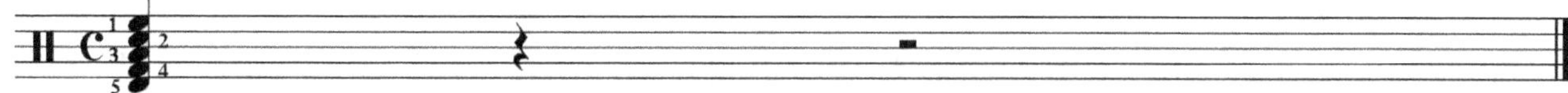

○ = Palma - Bajo - Bass
⊗ = Punta de dedos - Finger Tip
● = Toque abierto - open
× = Tapado - Galleta - Slap
■ = Presionado - Muffled

DISPOSICIÓN DE LAS CONGAS/CONGAS POSITION

3 CONGAS

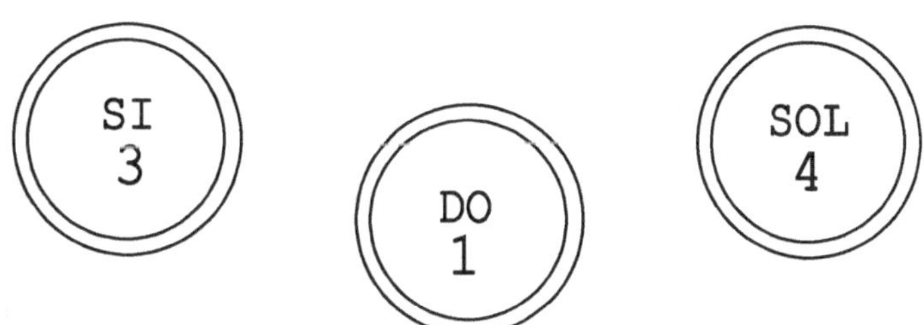

4 CONGAS

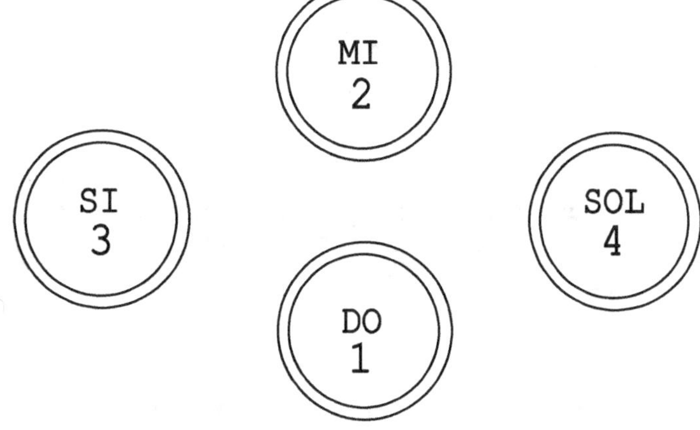

CAPITULO I / CHAPTER I

EJERCICIOS TÉCNICOS / TECHNICAL EXERCISES

Pueden ser usados para comenzar una rutina de estudio.
They can be used to start a study routine.

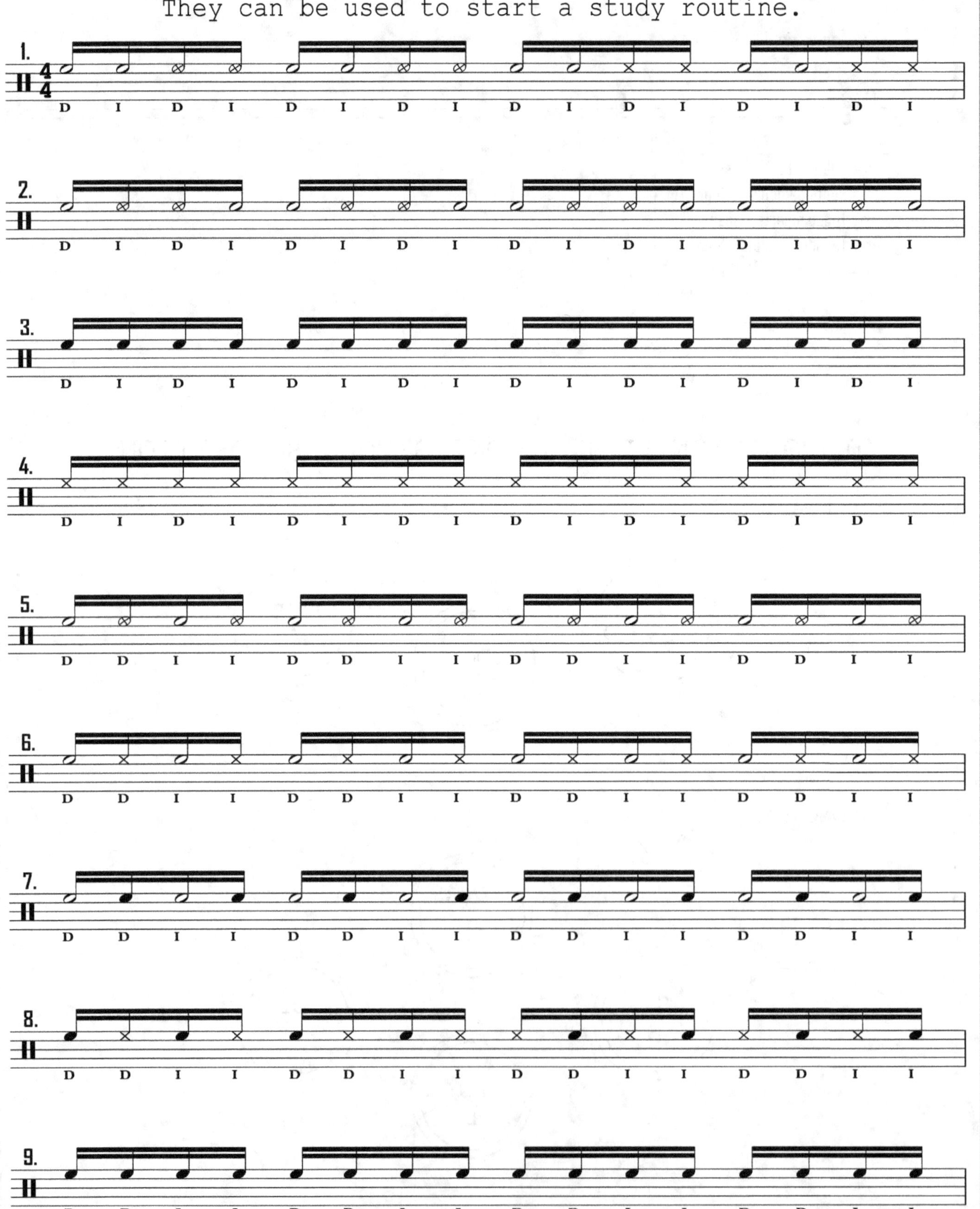

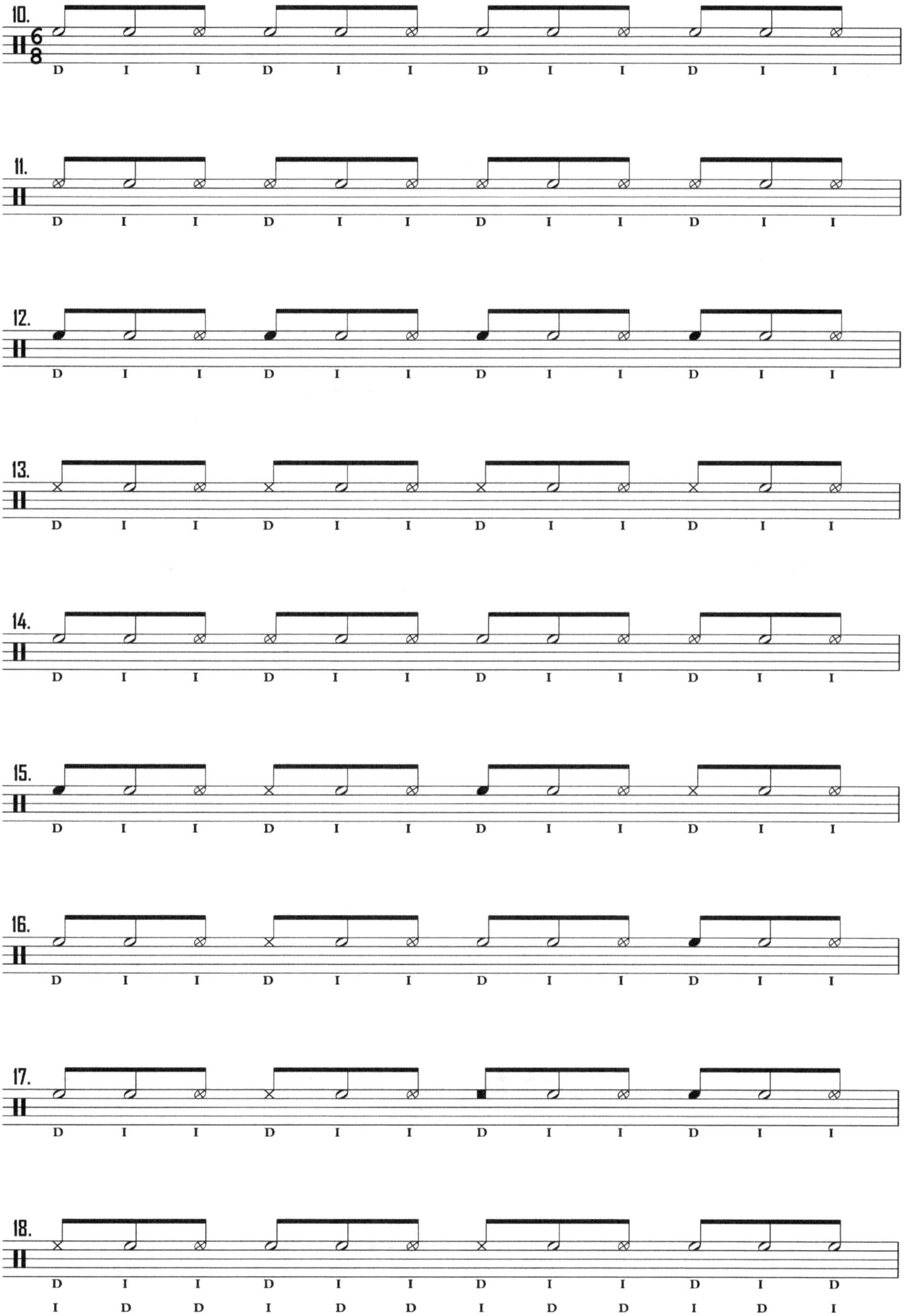

10.
6/8
D I I D I I D I I D I I

11.
D I I D I I D I I D I I

12.
D I I D I I D I I D I I

13.
D I I D I I D I I D I I

14.
D I I D I I D I I D I I

15.
D I I D I I D I I D I I

16.
D I I D I I D I I D I I

17.
D I I D I I D I I D I I

18.
D I I D I I D I I D I D
I D D I D D I D D I D I

DOS Y DOS EN SLAPS CON MELODÍA DE GUAGUANCO.

TWO AND TWO IN SLAPS WITH GUAGUANCO MELODY.

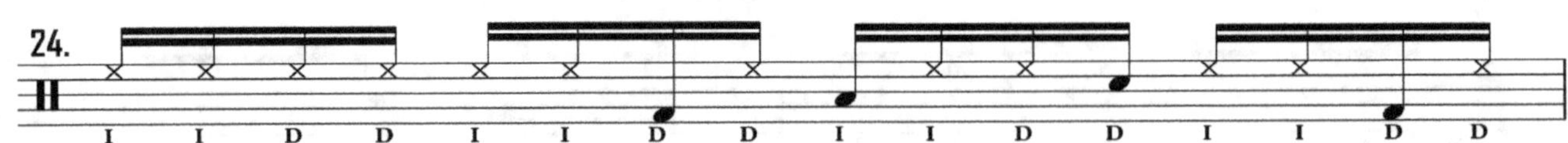

DIEGO SILBERMANAS

DOS Y DOS CON RUFF.

TWO AND TWO WITH RUFF.

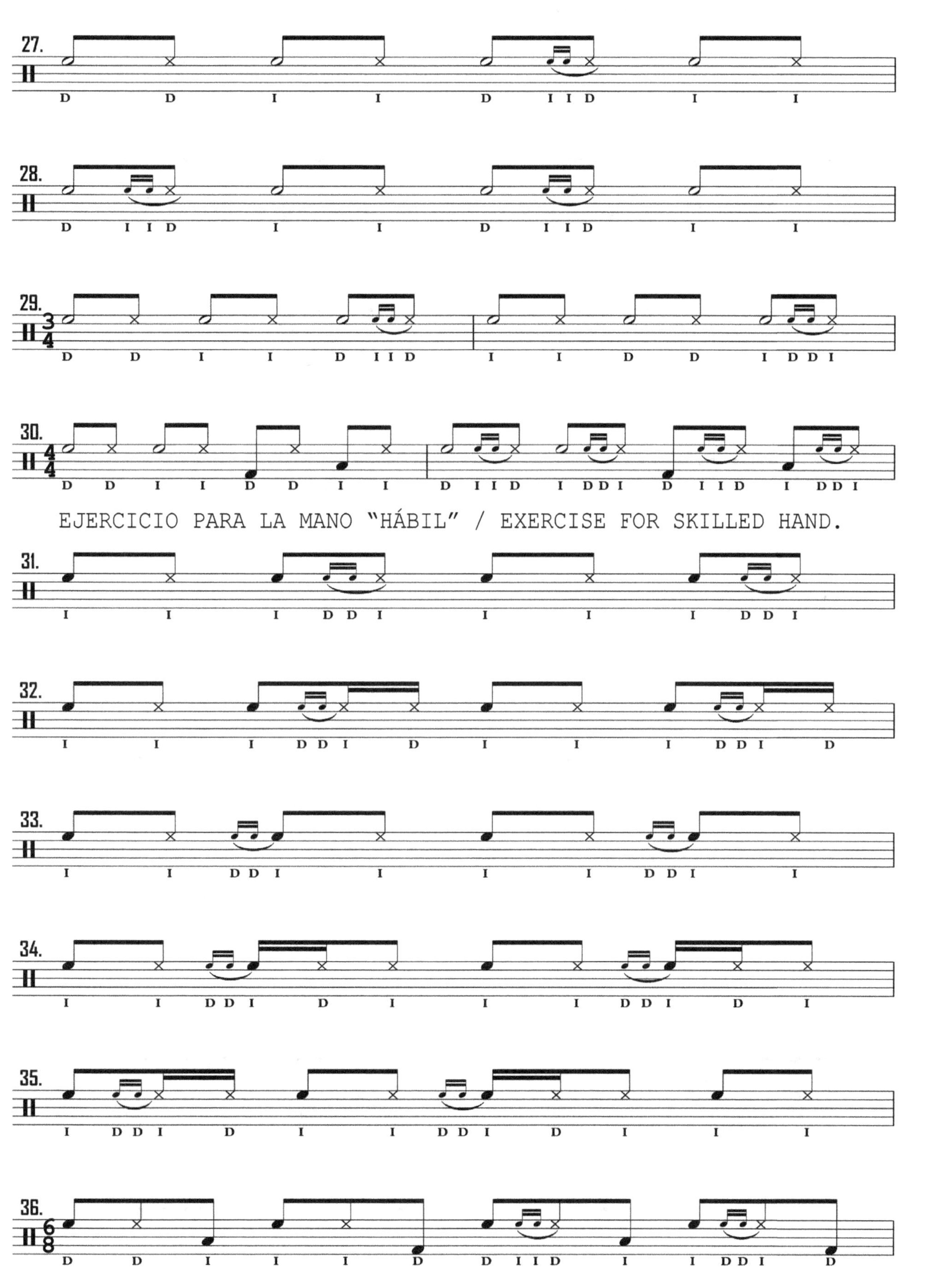

EJERCICIO DE TRES GOLPES POR MANO.

EXERCISE OF THREE STROKES BY HAND.

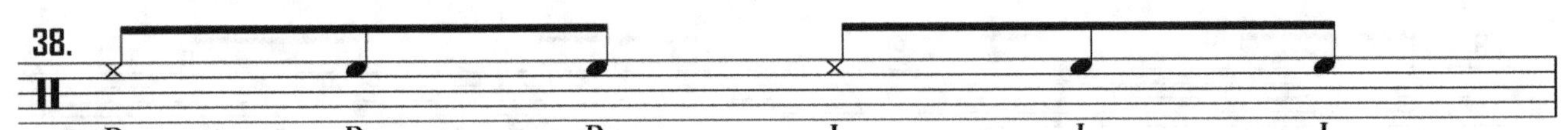

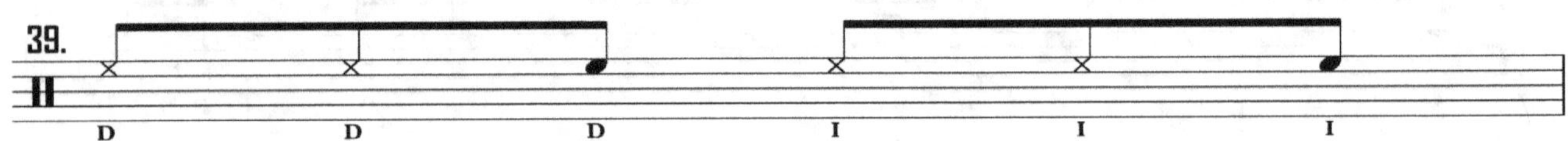

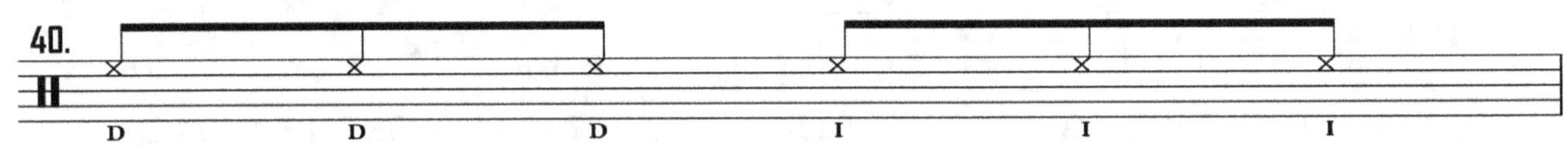

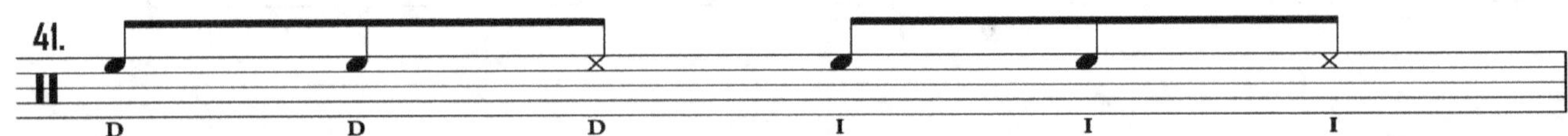

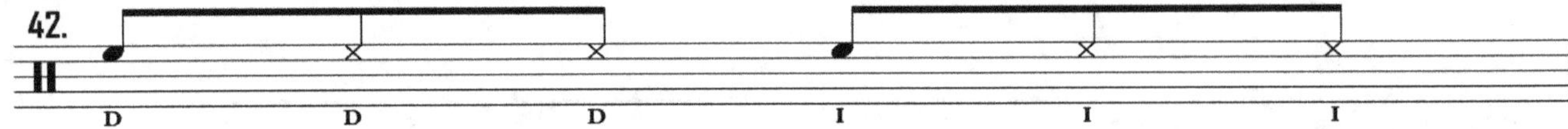

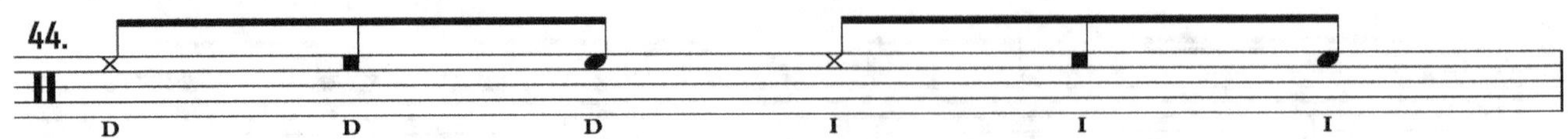

DIEGO SILBERMANAS

ALGUNAS COMBINACIONES.

SOME COMBINATIONS.

46.

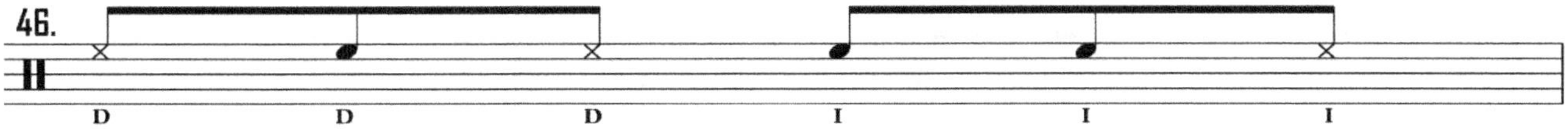

D   D   D   I   I   I

47.

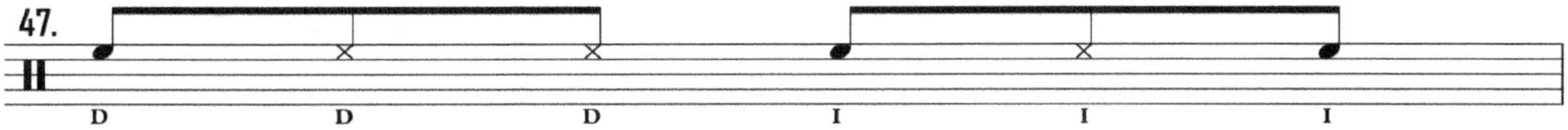

D   D   D   I   I   I

48.

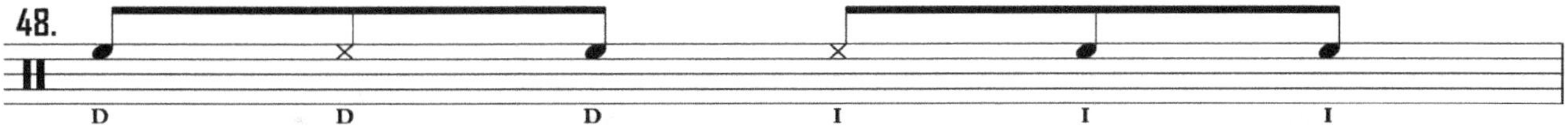

D   D   D   I   I   I

49.

D   D   D   I   I   I

50.

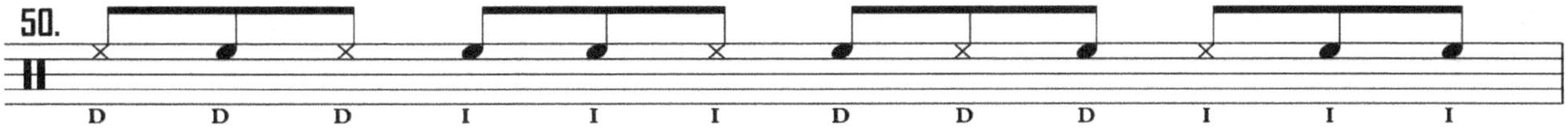

D   D   D   I   I   I   D   D   D   I   I   I

51.

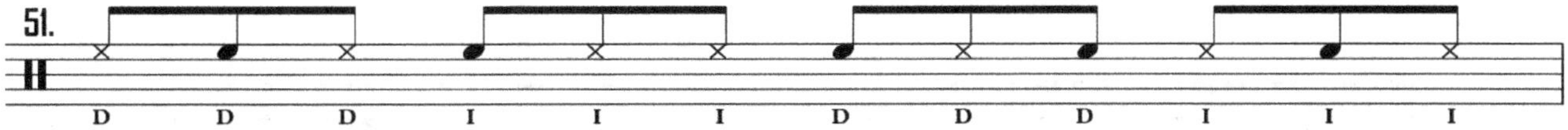

D   D   D   I   I   I   D   D   D   I   I   I

52.

I   I   I   D   D   D   I   I   I   D   D   D

DIEGO SILBERMANAS

EJERCICIOS DE CUATRO GOLPES POR MANO.

EXERCISES OF FOUR STROKES BY HAND.

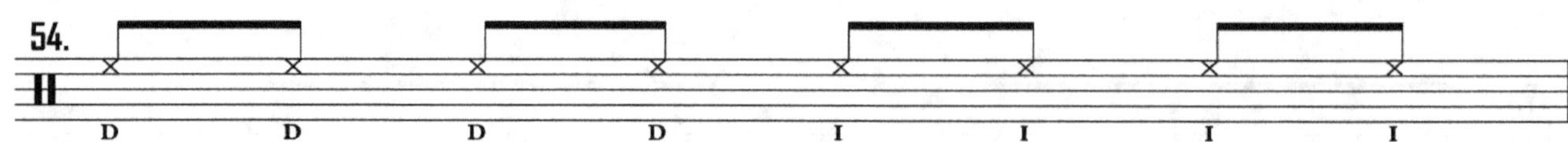

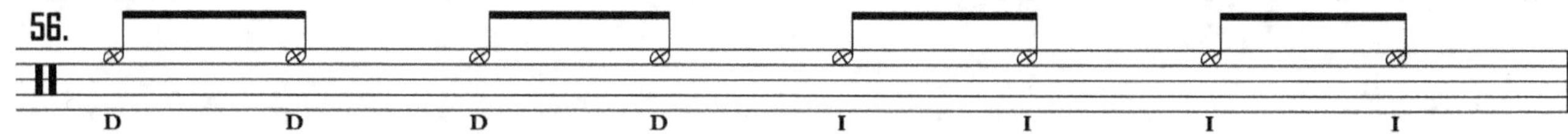

DIEGO SILBERMANAS

CAPITULO II / CHAPTER II

RITMOS / RHYTHMS.

Marchas

CLAVE

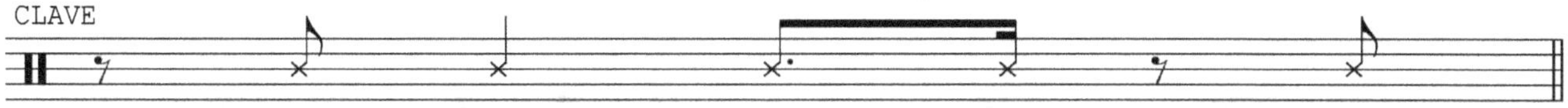

62.

I I D I I I D I D I I D D I D D

63.

I I D I D I D I D I D D D I D D

64.

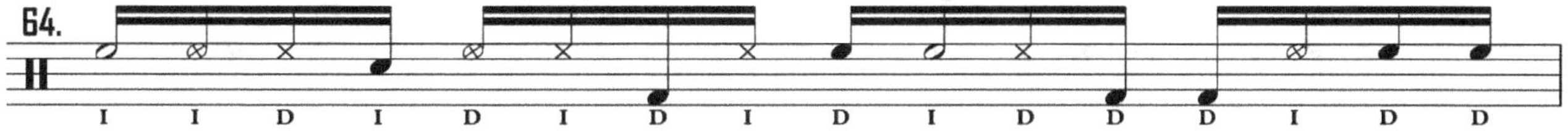

I I D I D I D I D I D D D I D D

65.

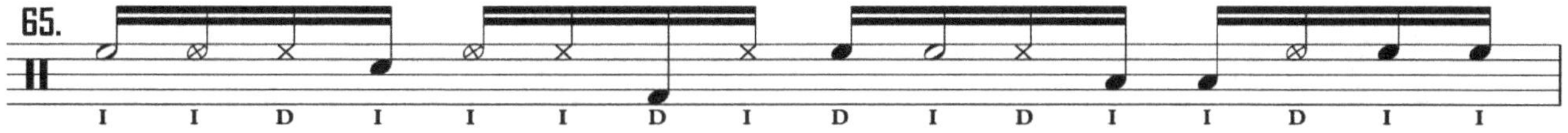

I I D I I I D I D I D I I D I I

66.

I I D D I D D I D I D I I D I I

67.

D I D I I D I D I I D I D I D I

68.

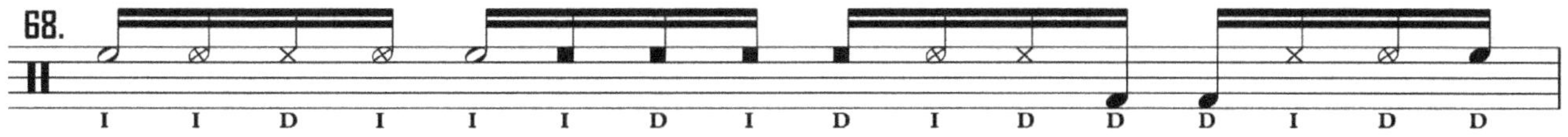

I I D I I I D I D I D D D I D D

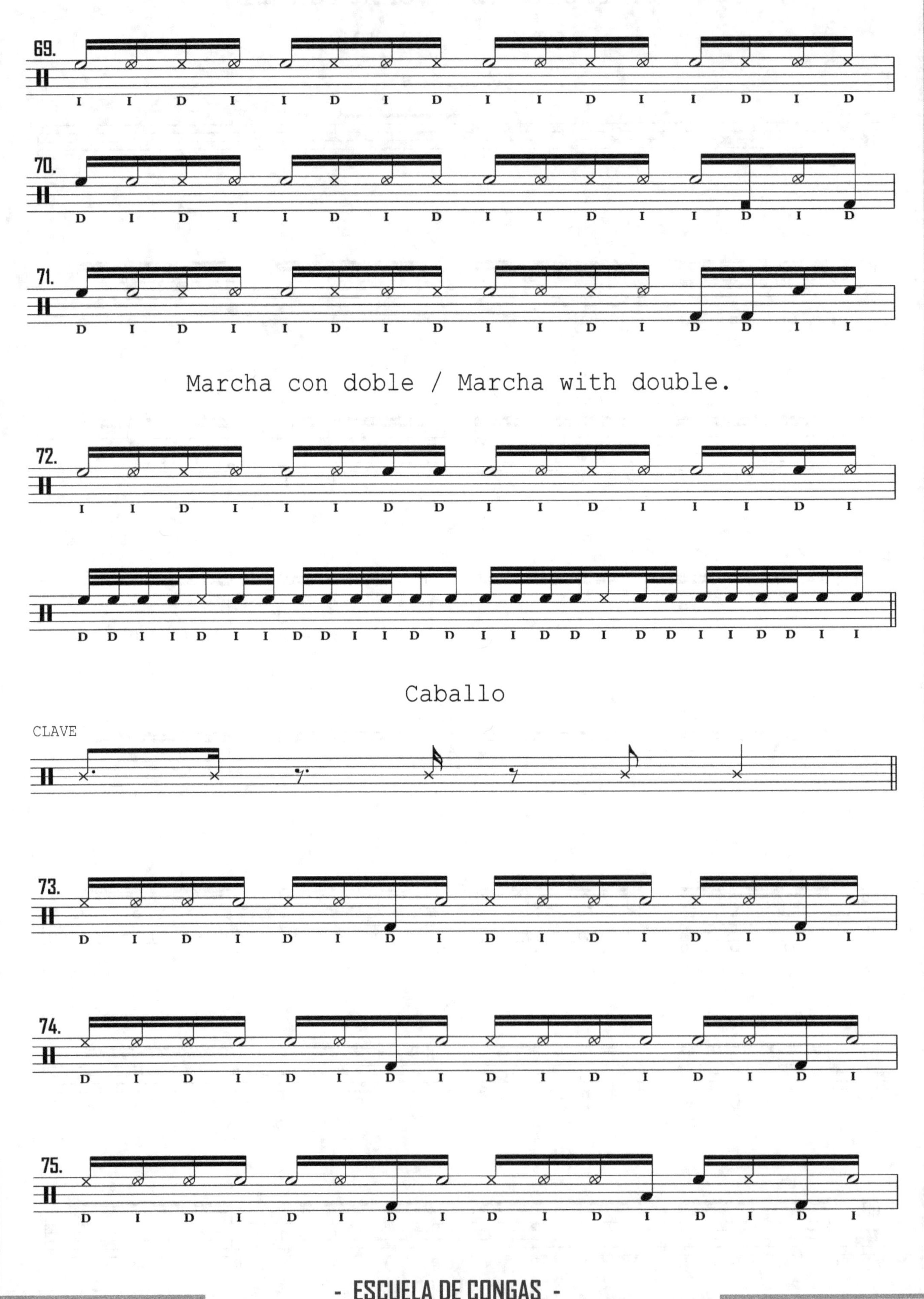
69.
I I D I I D I D I D I I D I I D
70.
D I D I I D I D I I D I I D I D
71.
D I D I I D I D I I D I D D I I
Marcha con doble / Marcha with double.
72.
I I D I I I D D I I D I I I D I
D D I I D I I D D I I D D I I D D I I D D I I
Caballo
CLAVE
73.
D I D I D I D I D I D I D I D I
74.
D I I D I D I D I D I D I D I I
75.
D I D I D I D I D I D I D I D I

Caballo con dobles / Caballo with doubles.

Guaguaracha, inspirada en Ray Barreto / Inspired in Ray Barreto

PALO: Sintesis para un conguero de los Muñequitos de Matanza.

PALO: Synthesis for a conguero of the Muñequitos de Matanza.

Base Afro para acompañar Lando, Latin jazz
Afro groove to play Lando, Latin Jazz.

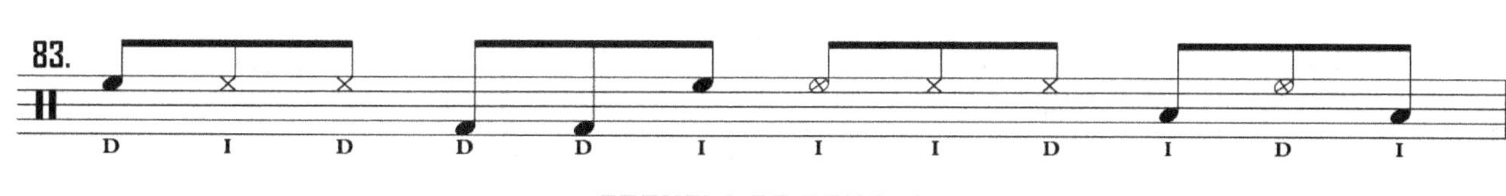

TOQUE DE BATÁ ADAPTADO A LAS CONGAS - Sintesis Básica.
TOQUE OF BATÁ ADAPTED TO THE CONGAS - Basic Synthesis.

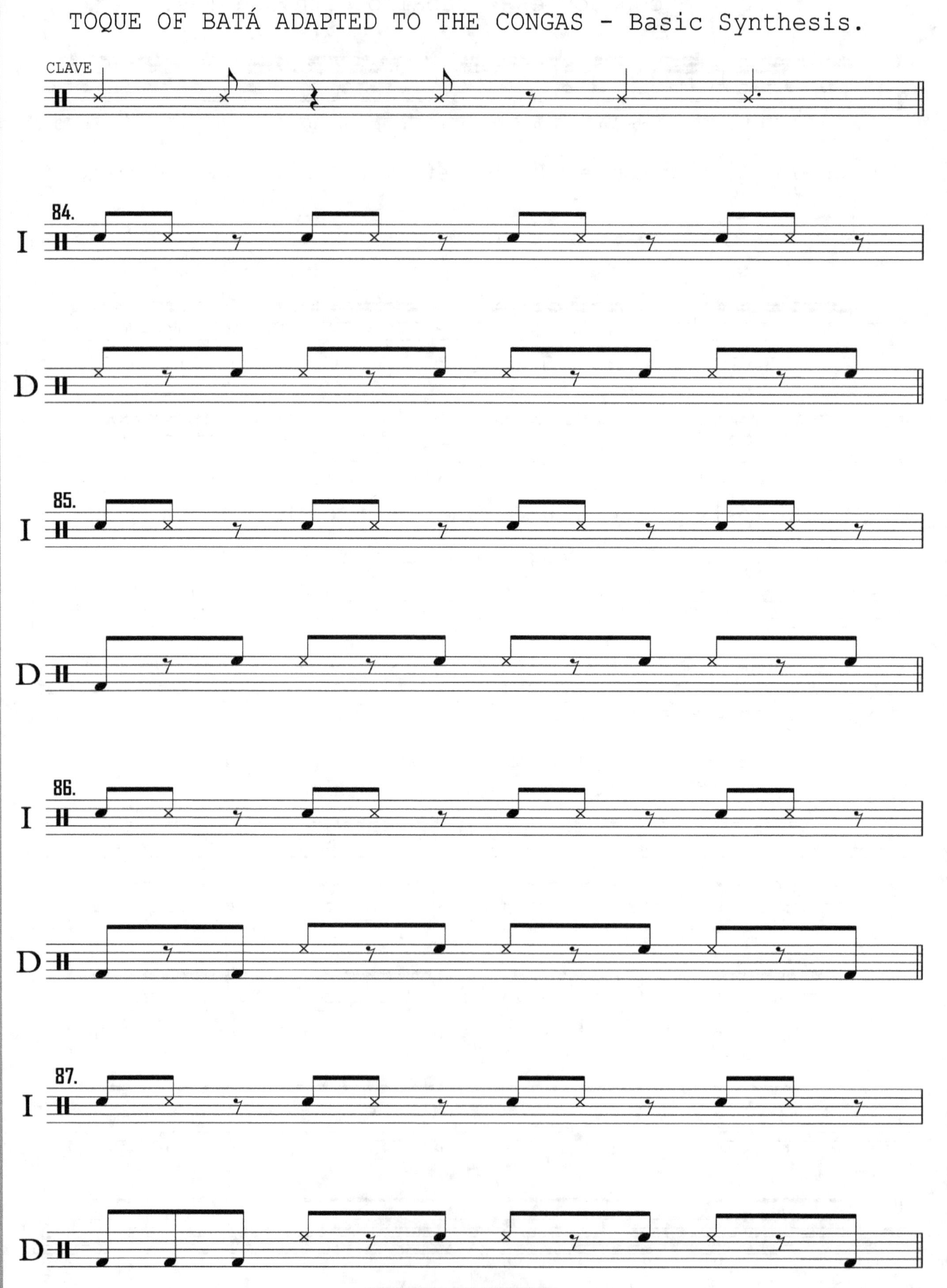

IBALOKE.

AKETEOBA.

OLUNBANCHE.

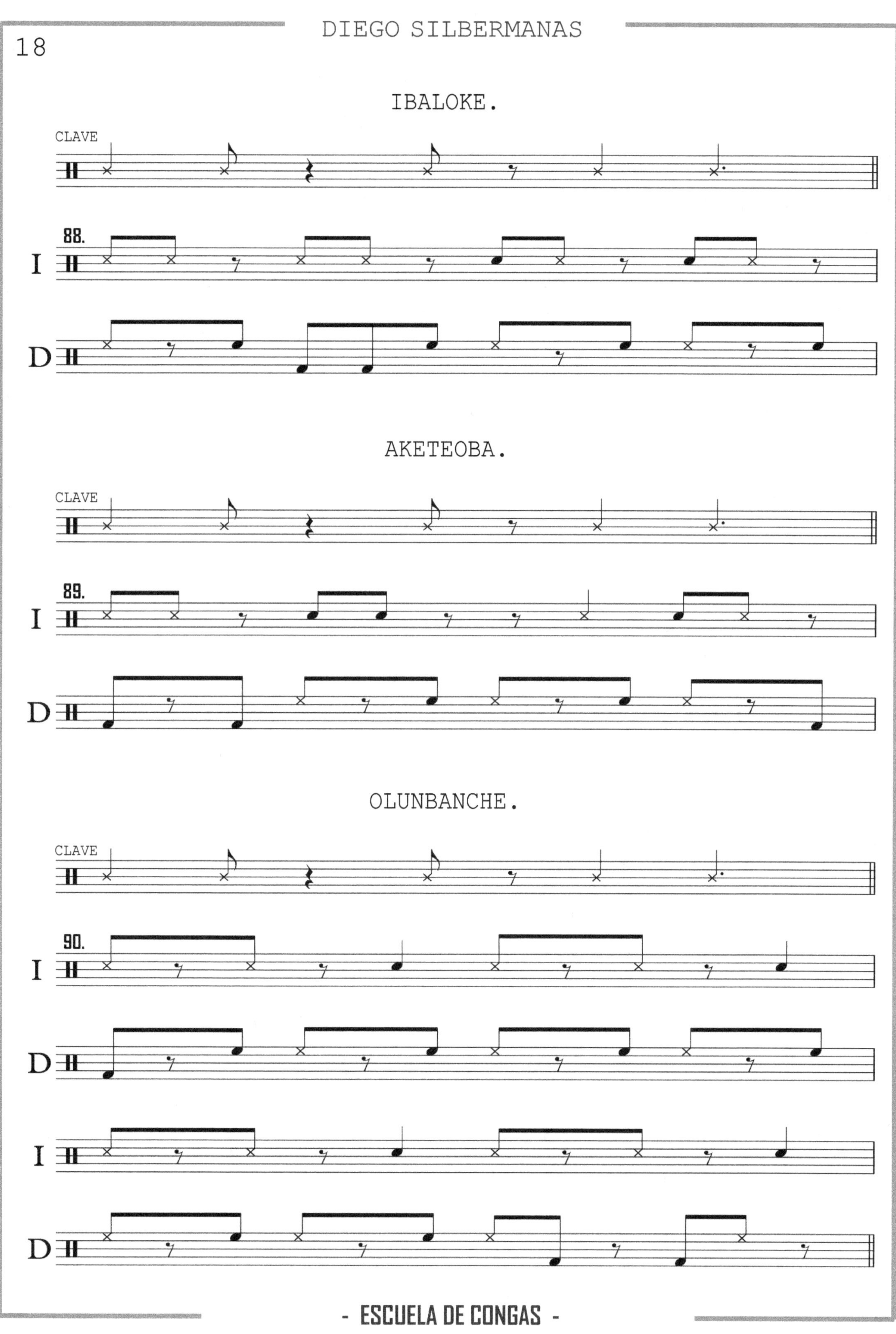

CAPITULO III / CHAPTER III

RUDIMENTOS / RUDIMENTS.

Aquí un repaso de los rudimentos que estudiamos en el volumen 1 y 2. Como dijimos anteriormente, esta es solo una manera de interpretarlos y ponerlos en clave, las posibilidades son infinitas.

Here a review of the rudiments that we studied in volume 1 and 2. As we said earlier, this is just a way of interpreting and putting them into "clave", the possibilities are endless.

Flam

Apoyatura Doble Drag

Apoyatura Triple Ruff

Rulo de 5 golpes. 5 strokes roll.

Rulo de 6 golpes. 6 strokes roll.

Rulo de 7 golpes. 7 strokes roll.

Paradiddle.

DIEGO SILBERMANAS

ALGUNAS POSIBILIDADES DE RUDIMENTOS SOBRE 12/8

SOME RUDIMENTS POSSIBILITIES ON 12/8

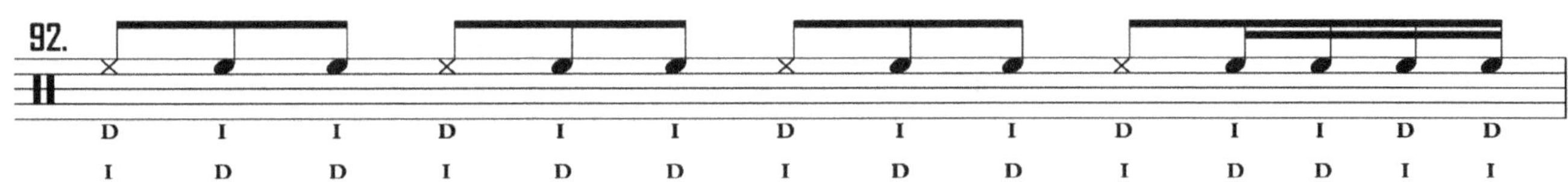

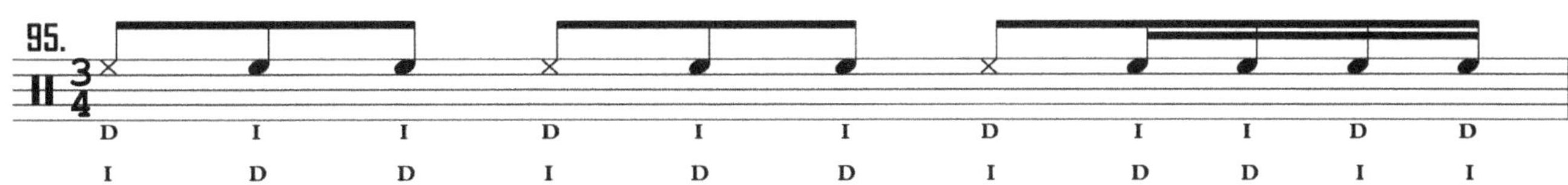

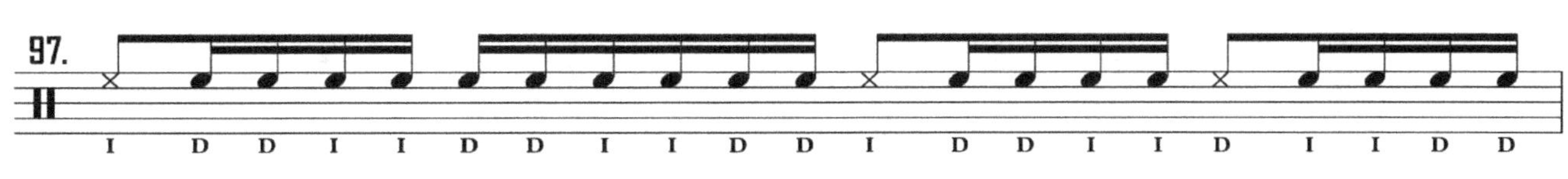

98.
D I I D D I I D D I I D D I I D D I I D I

99.
D I I D D I I D I I D D I I D I I D D I I D I

100.
D I I D D I I D D I I D D I I D I D D I I

101.
D I I D D I I D D I I D D I I D D I I D D I

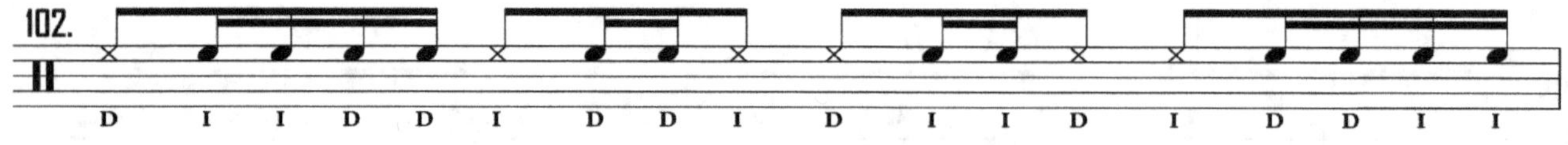
102.
D I I D D I D D I D I D I I D I D D I I

103.
D I I D D I D D I I D I I D D I D D I I

D I I D D I D I I D I D D I D D I I I

DIEGO SILBERMANAS

MANOTEOS PARA DESARROLLAR IMPROVISACIÓN.
MANOTEOS TO DEVELOP IMPROVISATION.

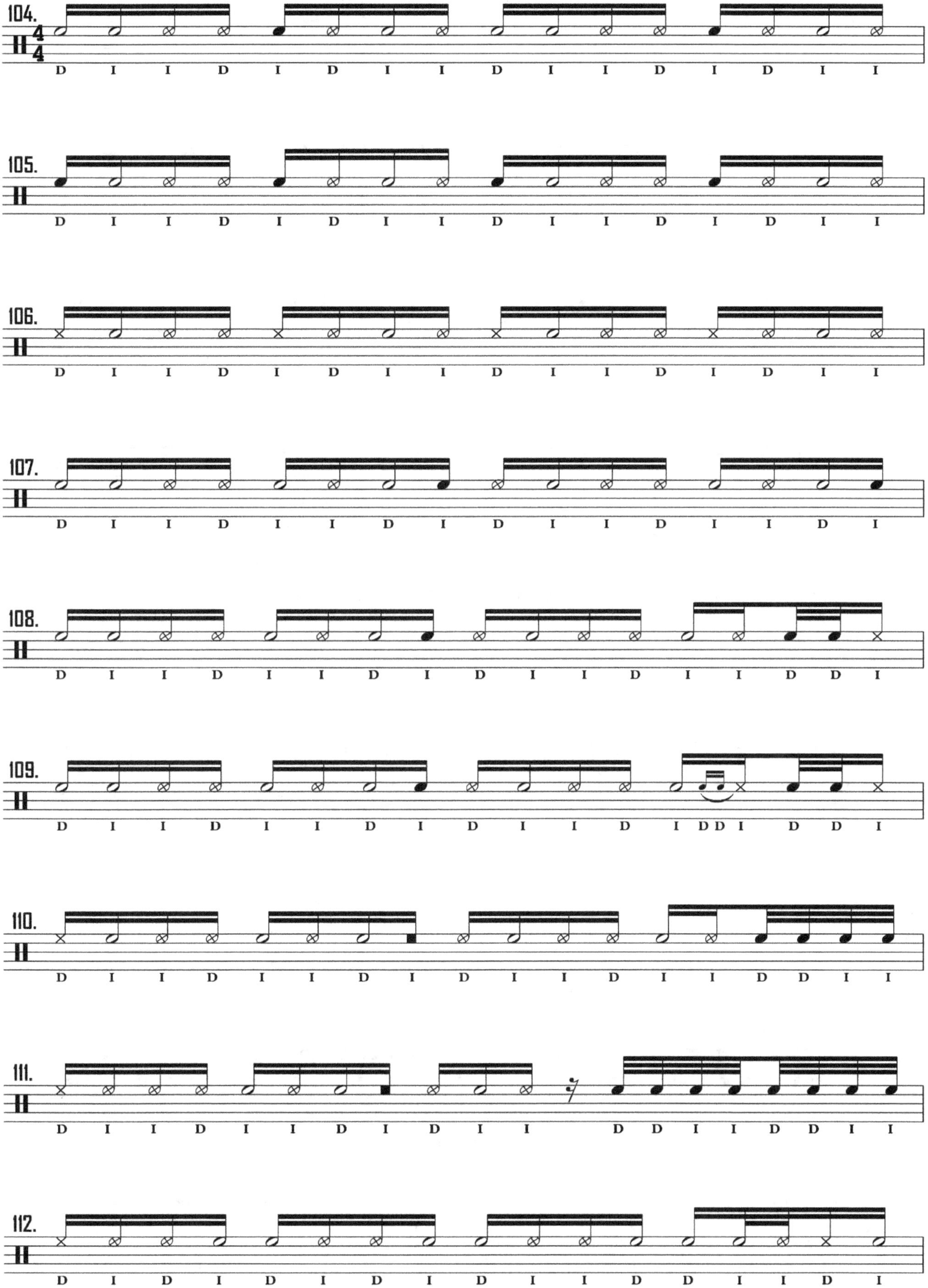

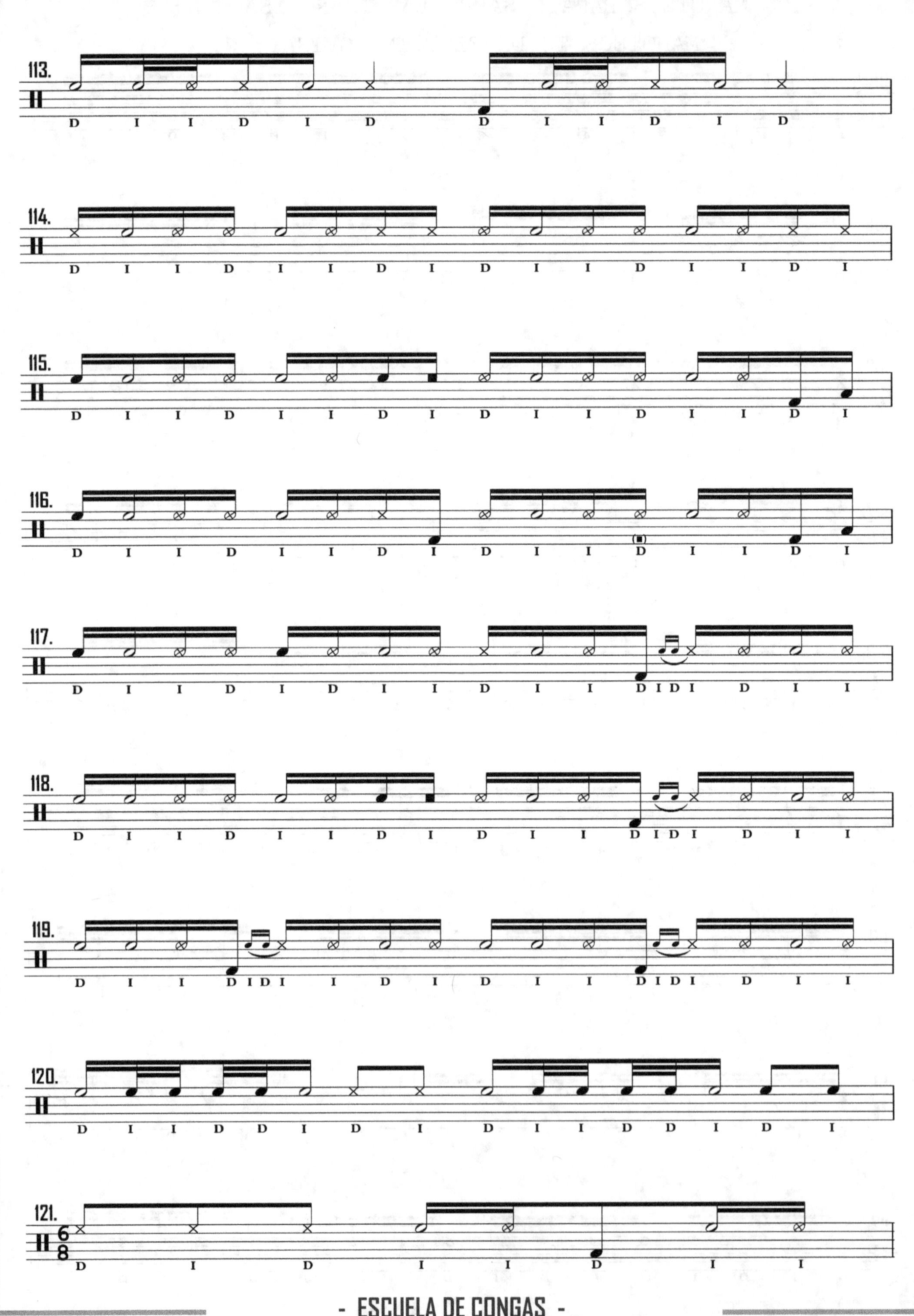
113.
D I I D I D I D D I I D I D
114.
D I I D I D I D I D I I D I I D I D I D I
115.
D I I D I D I D I D I I D I I D I D I
116.
D I I D I D I I D I D I D I D I I D I
117.
D I I D I D I D I I D I I D I D I D D I I
118.
D I I D I D I I D I D I I D I D I D D I I
119.
D I I D I D I I D I D I I D I D I I D I D I I
120.
D I I D I D I D I D I I D D I D I
121.
D I D I I D I I

TU PROPIA IMPROVISACIÓN / YOUR OWN IMPROVISATION.

Aquí podes mezclar ejercicios de todos los libros, por ejemplo:
Ejercicio 107 (libro 3) con el 80 (libro 1) y el 108 (libro 2).
Ejercicio 105/106 (libro 3)con el 128 (libro 2)
y el 73 (libro 1).

Here you can mix exercises from all the books, for example:
Exercise 107 (book 3) with book 80 (book 1) and book 108 (book 2).
Exercise 105/106 (book 3) with book 128 (book 2)
and 73 (book 1).

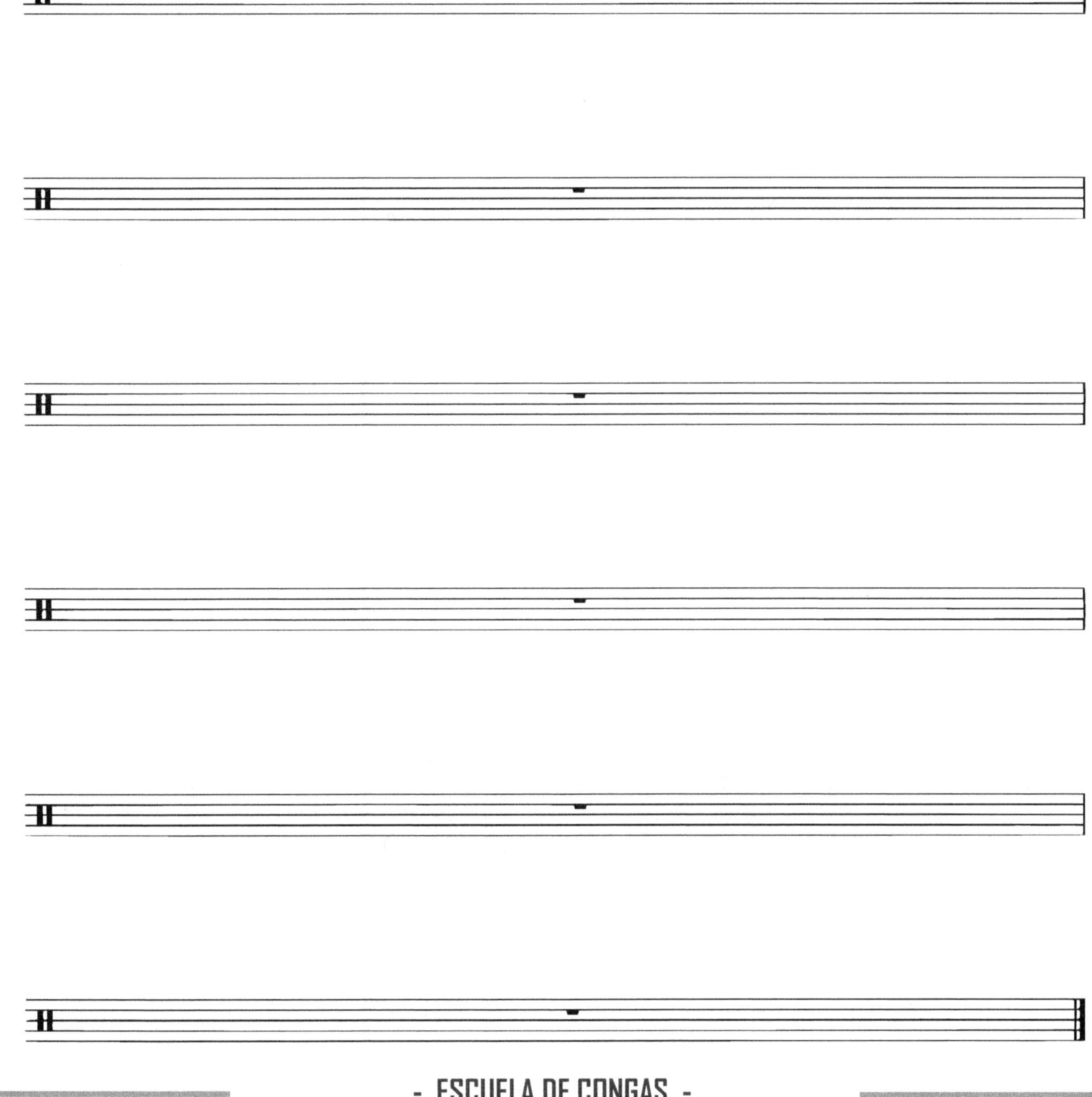

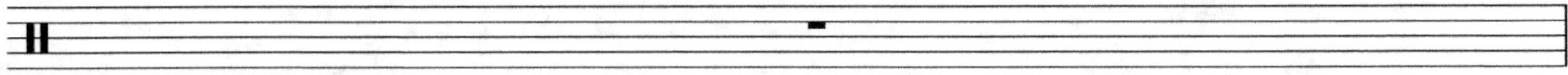

REFERENCIAS

Diaz, Miguel "Anga" (1999). "Angamania".

Gosiker, Diego. (2008). "Tambores bata. Oro seco y otros toques adaptados para un percusionista".

Gosiker, Diego. (2010). "Del Tambor bata a la batería".

Quintana, Jose Luis. (1998). "Changuito: A master´s approach to timbales".

Sanchez, Poncho (2002). "Conga cook book".

Stone, George B. (1985). "Stick Control for the snare drummer".

Tallo, Miguel (1999). "Guía practica de percusión latina".

Wilcoxon, Charley (1979). "The All-American drummer, 150 rudimental solos".